Nach den ab 1.8.2006 verbindlichen Rechtschreibregeln.

Bibliografische Information der Deutschen Nationalbibliothek
Die Deutsche Nationalbibliothek verzeichnet diese Publikation
in der Deutschen Nationalbibliografie;
detaillierte bibliografische Daten sind im Internet
über http://dnb.ddb.de abrufbar.

Das Wort **Duden** ist für den Verlag
Bibliographisches Institut & F. A. Brockhaus AG
als Marke geschützt.

Alle Rechte vorbehalten.
Nachdruck, auch auszugsweise, verboten.
© Bibliographisches Institut & F. A. Brockhaus AG,
Mannheim 2005   D C
Redaktionelle Leitung: Katja Schüler, Eva Schill
Lektorat: Sophia Marzolff
Fachberatung: Ulrike Holzwarth-Raether
Herstellung: Claudia Rönsch
Layout und Satz: Michelle Vollmer, Mainz
Umschlaggestaltung: Mischa Acker
Druck und Bindung: sachsendruck GmbH, Plauen
Printed in Germany
ISBN-13: 978-3-411-70782-9
ISBN-10: 3-411-70782-8

Finn und Lili auf dem Bauernhof

Hanneliese Schulze
mit Bildern von Alexander Steffensmeier

Dudenverlag
Mannheim · Leipzig · Wien · Zürich

Finn und Lili lieben Tiere.
Vögel und Hamster und Frösche.
Aber auf einem Bauernhof
waren sie noch nie.

Heute machen sie einen Ausflug zu einem Hof nur für Kinder. Eltern können dort gemütlich Kaffee trinken.

1. Fall:
Finn und Lili besuchen ◯ einen Brauernhof.

Auf der Fahrt sagt Lili:
„Hoffentlich gibt es
dort auch Pferde."
„Und Schweine!", ruft Finn.

○ einen Bauernhof.   ○ einen Blauernhof.

Bauer Boll erwartet sie schon
vor dem Bauernhof.
Ein kleiner Hund
läuft hinter ihm her.

Er schnüffelt an Finns Füßen.
Er schnüffelt an Lilis Bauch.
Dann an Papas Hose.
Und Mama bellt er an: „Wuff."

„Aus, Rufus", sagt Bauer Boll.
Aber Rufus schnüffelt weiter
und bohrt seine Nase
in Mamas Picknickkorb.

„Gehst du wohl weg", sagt Mama
und stellt den Korb
auf einen Tisch.
„Das ist unser Essen!"

„Da, guckt mal!", sagt Lili.
Drei Ziegen laufen langsam
am Haus entlang
und fressen die Blumen auf.

„Na, na!", ruft Bauer Boll
und scheucht sie weg.
„Ziegen fressen einfach alles",
seufzt er.

„Hast du Hühner?", fragt Finn.
„Ja", sagt Bauer Boll.
„Ich zeige sie euch."
Sie gehen in den Hühnerstall.

Die Hühner fliegen und gackern aufgeregt durcheinander.
„Wollt ihr die Hühner füttern?", fragt Bauer Boll.

„Beißen die nicht?",
will Lili wissen.
Bauer Boll lacht. „Keine Angst.
Hühner haben keine Zähne."

Ein Huhn pickt aus Lilis Hand.
„Wie das kitzelt", kichert Lili.
„Nebenan wohnt Rosi",
sagt Bauer Boll. „Kommt mit."

Er legt den Finger auf den Mund und öffnet leise die Tür.
Finn und Lili huschen hinterher.
„Uh, hier stinkts", flüstert Lili.

2. Fall:
Wie viele Ferkel hat Rosi?

zwölf

Hinter einer kleinen Mauer
liegt eine riesige Sau
im trockenen Stroh.
Mit zwölf winzigen Ferkeln.

acht

zehn

„Hat die viele Kinder",
staunt Finn.
„Darf ich mal eins anfassen?"

„Klar", sagt Bauer Boll
und holt zwei Ferkel raus.
Eins für Finn und eins für Lili.
„Oh, wie süß!", jubelt Lili.

Aber die Ferkel
finden es gar nicht süß.
Sie zappeln und quieken
laut nach ihrer Mama.

Das Ferkel von Lili
pinkelt sogar vor Angst
auf Lilis schönes Hemd.
„Iih!", schreit Lili.

Rosi steht polternd auf, sodass die anderen Ferkel alle durcheinander purzeln. Sie grunzt laut und aufgeregt.

3. Fall:
Bauer Boll beruhigt die Sau Rosi, indem er  ein Lied singt.

Bauer Boll krault Rosis Kopf
und legt die Ferkel
ruhig ins Stroh zurück.
Da ist es wieder still im Stall.

 mit ihr spricht.

 ihr den Kopf krault.

Bei Molli und Wolli,
den dicken Schafen,
können sich Finn und Lili
von dem Schreck erholen.

„Sind die weich", sagt Finn.
„Werden die auch geschoren?"
„Ja, aber erst im Frühling",
antwortet Bauer Boll.

„Aus der Wolle kann man Pullover und Socken stricken. Und aus der Milch der Schafe macht mein Nachbar Käse."

Dann streicheln sie noch
Max und Moritz, die Ponys.
„Da hast du deine Pferde",
lacht Finn.

Später fragt Lili:
„Dürfen wir mal
mit dem Traktor fahren?"
„Gerne", sagt Bauer Boll.

Er fährt Finn und Lili
zu den Eltern zurück.
Mama packt gerade
das Picknick aus.

„Nanu", sagt sie,

„wo sind denn die Würstchen?"

Alle helfen suchen.

Da hört Finn ein Schmatzen.

Rufus sitzt unter dem Tisch.
„Du Dieb!", schimpft Mama.
„Wuff", bellt Rufus
und wedelt mit dem Schwanz.

Was sagst du dazu?

**Kleine Tiere finden wir besonders süß.
Warum ist das so?**

Schreibe deine Idee dazu auf und schicke sie uns!
Als Dankeschön verlosen wir unter den
Einsendern zweimal jährlich tolle Buchpreise
aus unserem aktuellen Programm!
Eine Auswahl der Einsendungen veröffentlichen wir
außerdem unter www.lesedetektive.de.

Bibliographisches Institut &
F.A. Brockhaus AG
Duden – Kinder- und
Jugendbuchredaktion
Kennwort: **Bauernhof**
Postfach 10 03 11
68003 Mannheim
E-Mail: lesedetektive@duden.de

Die Duden-Lesedetektive: Leseförderung mit System

1. Klasse
32 Seiten, gebunden

- Finn und Lili auf dem Bauernhof · ISBN 3-411-70782-8
- Nuri und die Ziegenfüße · ISBN 3-411-70785-2
- Eine unheimliche Nacht · ISBN 3-411-70788-7
- Franzi und das falsche Pferd · ISBN 3-411-70790-9

2. Klasse
32 Seiten, gebunden

- Die Prinzessin im Supermarkt · ISBN 3-411-70786-0
- Auf der Suche nach dem verschwundenen Hund · ISBN 3-411-70783-6
- Emil und der neue Tacho · ISBN 3-411-70789-5
- Sarah und der Findekompass · ISBN 3-411-70792-5

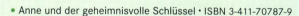

3. Klasse
48 Seiten, gebunden

- Anne und der geheimnisvolle Schlüssel · ISBN 3-411-70787-9
- Eins zu null für Leon · ISBN 3-411-70784-4
- Viktor und die Fußball-Dinos · ISBN 3-411-70793-3

4. Klasse
48 Seiten, gebunden

- Der Geist aus dem Würstchenglas · ISBN 3-411-70794-1

Weitere Titel zu allen Lesestufen in Vorbereitung!